Kim Marc Alexander Weßeling

Lernvorschläge für die
Unterrichtungen und die Sachkundeprüfung
Im Bewachungsgewerbe gem. §34a GewO

Band 3

Straf- und Verfahrensrecht

Kim Marc Alexander Weßeling

Lernvorschläge für die

Unterrichtungen und die Sachkundeprüfung

Im Bewachungsgewerbe

Band 3

Straf- und Verfahrensrecht

Bibliografische Information Der Deutschen Bibliothek:
Die Deutsche Bibliothek verzeichnet diese Publikation in der Deutschen Nationalbibliografie; detaillierte bibliografische Daten sind im Internet über: <http://dnb.ddb.de> abrufbar.

Herstellung und Verlag: Books on Demand GmbH, Norderstedt
Umschlagfoto: PixelQuelle.de
ISBN: **9783837042337**

http://kmawesseling.2page.de

Vorwort

Von H. H. Seidel

Egal in welcher Kultur, welchem Land oder welcher Zeit - der Mensch sehnt sich nach Sicherheit. Zuerst suchte der Mensch die Sicherheit der Gruppe und gründete Familien, dann suchte er sich Sicherheit vor

Wind und Wetter. Dem Menschen strebt es nach Sicherheit und Schutz, man schloss sich also zu Städten und Staaten zusammen.

Heute wollen wir unser Eigentum, unsere Familien und unsere Lebensweisen sicher wissen. Als Sicherheitsfachkraft haben Sie die Aufgabe gegen die Ängste der Menschen sich zu stellen und den Menschen ein Gefühl von Sicherheit, Schutz und Zuflucht zu geben.

Prüfungen sind nicht immer einfach. Dieses Buch will Ihnen Sicherheit geben und nach bestandener Prüfung können Sie dann anderen Menschen Sicherheit geben und sich für unsere Sicherheit einsetzen.

Dieser Band ist einer in einer ganzen Reihe, die Ihnen helfen soll, Wissenslücken zu schließen, eine Unterstützung beim Lernen darzustellen und Ihnen einen Anhalt auf die Vorbereitung für die Sachkundeprüfung zu geben.

Straf- und Verfahrensrecht

Das Strafgesetzbuch (StGB)

→   Allgemeiner Teil
→   Besonderer Teil

Allgemeiner Teil des StGB

→   Definitionen
→   Rechtfertigungs- und
      Entschuldigungsgründe

Verbrechen und Vergehen

§ 12 StGB Verbrechen und Vergehen

(1) Verbrechen sind rechtswidrige Taten, die im Mindestmaß mit Freiheitsstrafe von einem Jahr oder darüber bedroht sind.

(2) Vergehen sind rechtswidrige Taten, die im Mindestmaß mit einer geringeren Freiheitsstrafe oder die mit Geldstrafe bedroht sind.

(3) Schärfungen oder Milderungen, die nach den Vorschriften des Allgemeinen Teils oder für besonders schwere oder minder schwere Fälle vorgesehen sind, bleiben für die Einteilung außer Betracht.

§ 23 Absatz 1 StGB Strafbarkeit des Versuchs

(1) Der Versuch eines Verbrechens ist stets strafbar, der Versuch eines Vergehens nur dann, wenn das Gesetz es ausdrücklich bestimmt.

Verbrechen

→   Mindeststrafandrohung: 1 Jahr
→   keine Geldstrafe
→   der Versuch ist immer strafbar
→   immer Offizialdelikte

Vergehen

- → Mindeststrafandrohung: weniger als 1 Jahr oder Geldstrafe
- → Der Versuch ist nur strafbar, wenn es im Gesetz ausdrücklich erwähnt ist
- → Antrags- oder Offizialdelikt

Versuch

§ 22 StGB Begriffsbestimmung

Eine Straftat versucht, wer nach seiner Vorstellung von der Tat zur Verwirklichung des Tatbestandes unmittelbar ansetzt.

§ 23 StGB Strafbarkeit des Versuchs

(1) Der Versuch eines Verbrechens ist stets strafbar, der Versuch eines Vergehens nur dann, wenn das Gesetz es ausdrücklich bestimmt.
(2) Der Versuch kann milder bestraft werden als die vollendete Tat (§ 49 Abs. 1).
(3) Hat der Täter aus grobem Unverstand verkannt, daß der Versuch nach der Art des Gegenstandes, an dem, oder des Mittels, mit dem die Tat begangen werden sollte, überhaupt nicht zur Vollendung führen konnte, so kann das Gericht von Strafe absehen oder die Strafe nach seinem Ermessen mildern (§ 49 Abs. 2).

§ 24 StGB Rücktritt

(1) Wegen Versuchs wird nicht bestraft, wer
freiwillig die weitere Ausführung der Tat aufgibt
oder deren Vollendung verhindert. Wird die Tat
ohne Zutun des Zurücktretenden nicht vollendet, so
wird er straflos, wenn er sich freiwillig und ernsthaft
bemüht, die Vollendung zu verhindern.
(2) Sind an der Tat mehrere beteiligt, so wird wegen
Versuchs nicht bestraft, wer freiwillig die Vollendung
verhindert. Jedoch genügt zu seiner Straflosigkeit
sein freiwilliges und ernsthaftes Bemühen, die
Vollendung der Tat zu verhindern, wenn sie ohne
sein Zutun nicht vollendet oder unabhängig von
seinem früheren Tatbeitrag begangen wird.

→ ein Versuch ist:
  → wenn man alle Vorbereitungen
    getroffen hat
  → alles Material besorgt hat
  → zur Tat selbst direkt ansetzt
→ freiwilliger Rücktritt vom Versuch bedeutet
  Straffreiheit

Handlung und Unterlassen

Handlung

→   Die meisten Gesetze im besonderen Teil des
        StGB setzen aktives Handeln voraus
→   Jedes willentliche Verhalten

Unterlassen

→   Echte Unterlassungsdelikte
→   Unechte Unterlassungsdelikte

Echte Unterlassungsdelikte

→   Unterlassen, das aufgrund eines Gesetzes
        aus dem besonderen Teil des StGB bestraft
        wird, weil man eine gesetzlich gebotene
        Handlung nicht erbracht hat
→   z.B. § 323c StGB Unterlassene Hilfeleistung

Unechtes Unterlassensdelikt

§ 13 Absatz 1 StGB Begehen durch Unterlassen

(1) Wer es unterläßt, einen Erfolg abzuwenden, der zum Tatbestand eines Strafgesetzes gehört, ist nach diesem Gesetz nur dann strafbar, wenn er rechtlich dafür einzustehen hat, daß der Erfolg nicht eintritt, und wenn das Unterlassen der Verwirklichung des gesetzlichen Tatbestandes durch ein Tun entspricht.

→   wenn man seine Garantenstellung verletzt (Garantenpflicht)
→   trotz rechtlicher Verpflichtung einen Schaden nicht verhindern

Garantenstellung

Aus:
→   Vertrag
             Bewachungsvertrag
→   Herbeiführen von Gefahren
             Loch graben
→   Gesetz
             Aufsichtspflicht
→   Enge Bindungen
             Ehe

Vorsatz und Fahrlässigkeit

§ 15 StGB Vorsätzliches und fahrlässiges Handeln

Strafbar ist nur vorsätzliches Handeln, wenn nicht das Gesetz fahrlässiges Handeln ausdrücklich mit Strafe bedroht.

Vorsatz

→ Der Täter weiß, was er will
→ Der Täter will den Erfolg, d.h. genau das, was der Tatbestand ist
→ Vorsatz wird immer bestraft.

Fahrlässigkeit

→ Der Täter will den Erfolg nicht
→ Aber durch mangelnde Sorgfalt oder Leichtfertigkeit passiert es trotzdem
→ Fahrlässigkeit wird nur bestraft, wenn es im Gesetz steht.

Täterschaft und Teilnahme

Täterschaft

→   Alleintäter
→   Mittäter

Alleintäter

§ 25 StGB Absatz 1 Täterschaft

(1) Als Täter wird bestraft, wer die Straftat selbst oder durch einen anderen begeht.

→   Ein Täter

Mittäter

§ 25 StGB Absatz 2 Täterschaft

(2) Begehen mehrere die Straftat gemeinschaftlich, so wird jeder als Täter bestraft (Mittäter).

→   Mehrere Täter zusammen

Teilnahme

→   Anstiftung
→   Beihilfe

Anstiftung

§ 26 StGB Anstiftung

Als Anstifter wird gleich einem Täter bestraft, wer
vorsätzlich einen anderen zu dessen vorsätzlich
begangener rechtswidriger Tat bestimmt hat.

→   Vorsätzlich jemanden zum Begehen einer
        Strafe bringen
→   Gleiche Strafe wie der Täter

Beihilfe

§ 27 StGB Beihilfe

(1) Als Gehilfe wird bestraft, wer vorsätzlich einem
anderen zu dessen vorsätzlich begangener
rechtswidriger Tat Hilfe geleistet hat.
(2) Die Strafe für den Gehilfen richtet sich nach der
Strafdrohung für den Täter. Sie ist nach § 49 Abs. 1
zu mildern.

→   wer vorsätzlich einem anderen bei einer
        Straftat hilft

Delikte

→ Offizialdelikt
→ Antragsdelikt
→ Privatklagedelikt

Offizialdelikt

→ Muss von der Staatsanwaltschaft immer
  verfolgt werden
→ Verbrechen sind immer Offizialdelikte

Antragsdelikt

→ Der geschädigte muss Strafantrag stellen

Privatklagedelikt

→ Weg der Zivilklage

Definition Straftat

Eine Straftat muss bestimmte Merkmale erfüllen:

→ Tatbestand
→ Rechtswidrigkeit
→ Schuld

Tatbestand

→ Objektiver Tatbestand (äußerer Tatbestand)

→ Subjektiver Tatbestand (innerer Tatbestand)

Rechtfertigungs- und Entschuldigungsgründe

In bestimmten Situationen erlaubt das Gesetz das Begehen von Straftaten, um Rechtsgüter zu schützen. Dabei wird die Schuld aufgehoben. Und wie zuvor schon geschrieben (Definition Straftat) , handelt es sich um keine Straftat mehr, wenn die Schuld fehlt. Dies sind die so genannten Jedermannrechte. Es gibt sie im BGB, StGB und in der StPO.

Notwehr und Nothilfe

§ 32 StGB Notwehr

(1) Wer eine Tat begeht, die durch Notwehr geboten ist, handelt nicht rechtswidrig.
(2) Notwehr ist die Verteidigung, die erforderlich ist, um einen gegenwärtigen rechtswidrigen Angriff von sich oder einem anderen abzuwenden.

→   schützt vor Strafe
→   bei einem rechtswidrigen, gegenwärtigen
        Angriff
→   gegen ein Rechtsgut
→   bei sich selbst (Notwehr)
→   oder einem anderen (Nothilfe)
→   Abwehr muss verhältnismäßig sein
→   Angriff durch einen Menschen

Rechtswidrig

→   Straftatbestand

Gegenwärtig

→   Kurz bevor stehend
→   Oder passiert gerade

Verhältnismäßigkeit

→   Nicht mit Kanonen auf Spatzen schießen
→   z.B. nicht bei einem Schlag durch
          Schusswaffe abwehren

Rechtsgüter

→   Leben
→   Gesundheit
→   Freiheit
→   Eigentum / Besitz
→   Ehre

→   Die Reihenfolge ist wichtig

Putativnotwehr

→   Notwehrirrtum
→   Man nimmt nur an, daß eine
           Notwehrsituation besteht
→   Wird nicht bestraft

Rechtfertigender Notstand

§ 34 StGB Rechtfertigender Notstand

Wer in einer gegenwärtigen, nicht anders
abwendbaren Gefahr für Leben, Leib, Freiheit, Ehre,
Eigentum oder ein anderes Rechtsgut eine Tat
begeht, um die Gefahr von sich oder einem anderen
abzuwenden, handelt nicht rechtswidrig, wenn bei
Abwägung der widerstreitenden Interessen,
namentlich der betroffenen Rechtsgüter und des
Grades der ihnen drohenden Gefahren, das
geschützte Interesse das beeinträchtigte wesentlich
überwiegt. Dies gilt jedoch nur, soweit die Tat ein
angemessenes Mittel ist, die Gefahr abzuwenden.

→ Schützt vor Strafe
→ Bei einer gegenwärtigen Gefahr
→ Gegen ein Rechtsgut
→ Abwehr muss verhältnismäßig sein
→ Rechtsgüterabwägung beachten
→ Gefahr geht von einer Sache aus
→ Gefahr für sich oder Andere

Rechtsgüterabwägung

→ Man darf kein höheres Rechtsgut verletzen,
um ein niedrigeres zu
schützen
→ z.B. Gesundheit eines anderen schädigen,
um Besitz zu schützen ist
nicht erlaubt

Entschuldigender Notstand

§ 35 StGB Entschuldigender Notstand

(1) Wer in einer gegenwärtigen, nicht anders abwendbaren Gefahr für Leben, Leib oder Freiheit eine rechtswidrige Tat begeht, um die Gefahr von sich, einem Angehörigen oder einer anderen ihm nahestehenden Person abzuwenden, handelt ohne Schuld. Dies gilt nicht, soweit dem Täter nach den Umständen, namentlich weil er die Gefahr selbst verursacht hat oder weil er in einem besonderen Rechtsverhältnis stand, zugemutet werden konnte, die Gefahr hinzunehmen; jedoch kann die Strafe nach § 49 Abs. 1 gemildert werden, wenn der Täter nicht mit Rücksicht auf ein besonderes Rechtsverhältnis die Gefahr hinzunehmen hatte.
(2) Nimmt der Täter bei Begehung der Tat irrig Umstände an, welche ihn nach Absatz 1 entschuldigen würden, so wird er nur dann bestraft, wenn er den Irrtum vermeiden konnte. Die Strafe ist nach § 49 Abs. 1 zu mildern.

→ Schützt vor Strafe
→ Bei einer gegenwärtigen Gefahr
→ Gegen ein Rechtsgut
→ Abwehr muss verhältnismäßig sein
→ Rechtsgüterabwägung beachten
→ Gefahr geht von einer Sache aus
→ Gefahr für sich oder Andere
→ wenn man die Gefahr selbst ausgelöst hat, gilt das nicht
→ ein vermeidbarer Irrtum wird nicht bestraft

Besonderer Teil des StGB

→   Straftatbestände
→   Strafen

Straftatbestände

§ 123 StGB Hausfriedensbruch

(1) Wer in die Wohnung, in die Geschäftsräume oder
in das befriedete Besitztum eines anderen oder in
abgeschlossene Räume, welche zum öffentlichen
Dienst oder Verkehr bestimmt sind, widerrechtlich
eindringt, oder wer, wenn er ohne Befugnis darin
verweilt, auf die Aufforderung des Berechtigten sich
nicht entfernt, wird mit Freiheitsstrafe bis zu einem
Jahr oder mit Geldstrafe bestraft.
(2) Die Tat wird nur auf Antrag verfolgt.

→   Widerrechtliches Eindringen in:
              →   Wohnung
              →   Geschäftsräume
              →   Befriedetes Besitztum
              →   Abgeschlossene Räume
                       zum öffentlichen Verkehr
              →   Abgeschlossene Räume
                       zum öffentlichen Dienst
→   Sich darin aufhalten trotz Aufforderung zu
         Gehen durch:
              →   Eigentümer
              →   Besitzer
              →   Besitzdiener
→   Antragsdelikt

§ 124 StGB Schwerer Hausfriedensbruch

Wenn sich eine Menschenmenge öffentlich
zusammenrottet und in der Absicht,
Gewalttätigkeiten gegen Personen oder Sachen mit
vereinten Kräften zu begehen, in die Wohnung, in
die Geschäftsräume oder in das befriedete Besitztum
eines anderen oder in abgeschlossene Räume, welche
zum öffentlichen Dienst bestimmt sind,
widerrechtlich eindringt, so wird jeder, welcher an
diesen Handlungen teilnimmt, mit Freiheitsstrafe bis
zu zwei Jahren oder mit Geldstrafe bestraft.

→   Widerrechtliches Eindringen in:
              →   Wohnung
              →   Geschäftsräume
              →   Befriedetes Besitztum
              →   Abgeschlossene Räume
                       zum öffentlichen Verkehr
              →   Abgeschlossene Räume
                       zum öffentlichen Dienst
→   durch eine Menge
→   öffentliche Zusammenrottung
→   Gewaltabsicht

§ 125Absatz 1 Landfriedensbruch

(1) Wer sich an

1. Gewalttätigkeiten gegen Menschen oder Sachen
oder
2. Bedrohungen von Menschen mit einer
Gewalttätigkeit

die aus einer Menschenmenge in einer die öffentliche
Sicherheit gefährdenden Weise mit vereinten Kräften
begangen werden, als Täter oder Teilnehmer beteiligt
oder wer auf die Menschenmenge einwirkt, um ihre
Bereitschaft zu solchen Handlungen zu fördern, wird
mit Freiheitsstrafe bis zu drei Jahren oder mit
Geldstrafe bestraft, wenn die Tat nicht in anderen
Vorschriften mit schwererer Strafe bedroht ist.

→ Gewalttätigkeiten gegen Menschen oder
Sachen
→ Bedrohungen von Menschen mit einer
Gewalttätigkeit
→ Aus einer Menschenmenge
→ Täter und Teilnehmer werden bestraft
→ Anstifter werden bestraft
→ Gefährdung der öffentlichen Sicherheit
→ Einsatz von vereinten Kräften

§ 132 StGB Amtsanmaßung

Wer unbefugt sich mit der Ausübung eines
öffentlichen Amtes befaßt oder eine Handlung
vornimmt, welche nur kraft eines öffentlichen Amtes
vorgenommen werden darf, wird mit Freiheitsstrafe
bis zu zwei Jahren oder mit Geldstrafe bestraft.

→	Ohne Berechtigung hoheitliche Befugnisse
	an sich reißen
→	z.B. sich wie ein Polizist aufführen

§ 138 StGB Nichtanzeige geplanter Straftaten

(1) Wer von dem Vorhaben oder der Ausführung

1. einer Vorbereitung eines Angriffskrieges (§ 80),
2. eines Hochverrats in den Fällen der §§ 81 bis 83
Abs. 1,
3. eines Landesverrats oder einer Gefährdung der
äußeren Sicherheit in den Fällen der §§ 94 bis 96, 97a
oder 100
4. einer Geld- oder Wertpapierfälschung in den
Fällen der §§ 146, 151, 152 oder einer Fälschung von
Zahlungskarten mit Garantiefunktion und
Vordrucken für Euroschecks in den Fällen des §
152b Abs. 1 bis 3
5. eines Mordes (§ 211) oder Totschlags (§ 212) oder
eines Völkermordes (§ 6 des
Völkerstrafgesetzbuches) oder eines Verbrechens
gegen die Menschlichkeit (§ 7 des
Völkerstrafgesetzbuches) oder eines
Kriegsverbrechens (§§ 8, 9, 10, 11 oder 12 des
Völkerstrafgesetzbuches),
6. einer Straftat gegen die persönliche Freiheit in den
Fällen des § 232 Abs. 3, 4 oder Abs. 5, des § 233
Abs. 3, jeweils soweit es sich um Verbrechen
handelt, der §§ 234, 234a, 239a oder 239b
7. eines Raubes oder einer räuberischen Erpressung
(§§ 249 bis 251 oder 255) oder
8. einer gemeingefährlichen Straftat in den Fällen der
§§ 306 bis 306c oder 307 Abs. 1 bis 3, des § 308 Abs.
1 bis 4, des § 309 Abs. 1 bis 5, der §§ 310, 313, 314

oder 315 Abs. 3, des § 315b Abs. 3 oder der §§ 316a
oder 316c

zu einer Zeit, zu der die Ausführung oder der Erfolg
noch abgewendet werden kann, glaubhaft erfährt
und es unterläßt, der Behörde oder dem Bedrohten
rechtzeitig Anzeige zu machen, wird mit
Freiheitsstrafe bis zu fünf Jahren oder mit Geldstrafe
bestraft.
(2) Ebenso wird bestraft, wer von dem Vorhaben
oder der Ausführung einer Straftat nach § 129a, auch
in Verbindung mit § 129b Abs. 1 Satz 1 und 2, zu
einer Zeit, zu der die Ausführung noch abgewendet
werden kann, glaubhaft erfährt und es unterlässt, der
Behörde unverzüglich Anzeige zu erstatten. § 129b
Abs. 1 Satz 3 bis 5 gilt entsprechend.
(3) Wer die Anzeige leichtfertig unterläßt, obwohl er
von dem Vorhaben oder der Ausführung der
rechtswidrigen Tat glaubhaft erfahren hat, wird mit
Freiheitsstrafe bis zu einem Jahr oder mit Geldstrafe
bestraft.

→   wenn man von den Plänen zu einer Straftat
            erfährt, die in diesem Paragraphen
            aufgelistet ist erfährt
→   es noch Zeit ist, die Straftat zu stoppen
→   muß man Anzeige erstatten
→   Leichtfertigkeit wird bestraft

§ 185StGB Beleidigung

Die Beleidigung wird mit Freiheitsstrafe bis zu einem
Jahr oder mit Geldstrafe und, wenn die Beleidigung
mittels einer Tätlichkeit begangen wird, mit
Freiheitsstrafe bis zu zwei Jahren oder mit Geldstrafe
bestraft.

→   Beleidigung
→   Beleidigung mit Gewalt oder Handzeichen,
        etc.

§ 223 StGB Körperverletzung

(1) Wer eine andere Person körperlich mißhandelt
oder an der Gesundheit schädigt, wird mit
Freiheitsstrafe bis zu fünf Jahren oder mit Geldstrafe
bestraft.
(2) Der Versuch ist strafbar.

→   Körperliche Misshandlung
→   Gesundheitsschädigung
→   Eines Anderen

§ 224 StGB Gefährliche Körperverletzung

(1) Wer die Körperverletzung
1. durch Beibringung von Gift oder anderen gesundheitsschädlichen Stoffen,
2. mittels einer Waffe oder eines anderen gefährlichen Werkzeugs,
3. mittels eines hinterlistigen Überfalls,
4. mit einem anderen Beteiligten gemeinschaftlich oder
5. mittels einer das Leben gefährdenden Behandlung begeht, wird mit Freiheitsstrafe von sechs Monaten bis zu zehn Jahren, in minder schweren Fällen mit Freiheitsstrafe von drei Monaten bis zu fünf Jahren bestraft.
(2) Der Versuch ist strafbar.

→ Misshandlung oder Gesundheitsschädigung eines Anderen:
    → Mit Gift oder anderen gefährlichen Stoffen
    → Mit einer Waffe oder einem gefährlichen Werkzeug
    → Hinterlistig
    → Mit mehreren Leuten
    → Mit einer lebensgefährlichen Behandlung

§ 226
Schwere Körperverletzung

(1) Hat die Körperverletzung zur Folge, daß die
verletzte Person
1. das Sehvermögen auf einem Auge oder beiden
Augen, das Gehör, das Sprechvermögen oder die
Fortpflanzungsfähigkeit verliert,
2. ein wichtiges Glied des Körpers verliert oder
dauernd nicht mehr gebrauchen kann oder
3. in erheblicher Weise dauernd entstellt wird oder in
Siechtum, Lähmung oder geistige Krankheit oder
Behinderung verfällt,
so ist die Strafe Freiheitsstrafe von einem Jahr bis zu
zehn Jahren.
(2) Verursacht der Täter eine der in Absatz 1
bezeichneten Folgen absichtlich oder wissentlich, so
ist die Strafe Freiheitsstrafe nicht unter drei Jahren.
(3) In minder schweren Fällen des Absatzes 1 ist auf
Freiheitsstrafe von sechs Monaten bis zu fünf
Jahren, in minder schweren Fällen des Absatzes 2
auf Freiheitsstrafe von einem Jahr bis zu zehn Jahren
zu erkennen.

→   Misshandlung oder Gesundheitsschädigung
         eines Anderen mit einer schweren Folge:
              →   Blindheit
              →   Taubheit
              →   Sprachverlust
              →   Impotenz
              →   Verlust eines Körperteils

→ Dauernder Schaden an
einem Körperteil
→ Koma
→ Lähmung
→ Psychische Krankheit
→ Behinderung

§ 227 StGB Körperverletzung mit Todesfolge

(1) Verursacht der Täter durch die Körperverletzung
(§§ 223 bis 226) den Tod der verletzten Person, so
ist die Strafe Freiheitsstrafe nicht unter drei Jahren.
(2) In minder schweren Fällen ist auf Freiheitsstrafe
von einem Jahr bis zu zehn Jahren zu erkennen

→ Misshandlung oder Gesundheitsschädigung
eines Anderen mit Todesfolge

§ 229 StGB Fahrlässige Körperverletzung

Wer durch Fahrlässigkeit die Körperverletzung einer
anderen Person verursacht, wird mit Freiheitsstrafe
bis zu drei Jahren oder mit Geldstrafe bestraft.

→ Fahrlässige Misshandlung oder
Gesundheitsschädigung eines Anderen

§ 240 StGB Nötigung

(1) Wer einen Menschen rechtswidrig mit Gewalt oder durch Drohung mit einem empfindlichen Übel zu einer Handlung, Duldung oder Unterlassung nötigt, wird mit Freiheitsstrafe bis zu drei Jahren oder mit Geldstrafe bestraft.
(2) Rechtswidrig ist die Tat, wenn die Anwendung der Gewalt oder die Androhung des Übels zu dem angestrebten Zweck als verwerflich anzusehen ist.
(3) Der Versuch ist strafbar.
(4) In besonders schweren Fällen ist die Strafe Freiheitsstrafe von sechs Monaten bis zu fünf Jahren. Ein besonders schwerer Fall liegt in der Regel vor, wenn der Täter
1. eine andere Person zu einer sexuellen Handlung oder zur Eingehung der Ehe nötigt,
2. eine Schwangere zum Schwangerschaftsabbruch nötigt oder
3. seine Befugnisse oder seine Stellung als Amtsträger mißbraucht.

→   Rechtswidrige Gewalt oder Drohung um zu erreichen:
      →   Handlung
      →   Duldung
      →   Unterlassen
→   Jemand zwingen zu:
      →   Sex
      →   Ehe
      →   Abtreibung
→   Machtmissbrauch

§ 241 StGB Bedrohung

(1) Wer einen Menschen mit der Begehung eines
gegen ihn oder eine ihm nahestehende Person
gerichteten Verbrechens bedroht, wird mit
Freiheitsstrafe bis zu einem Jahr oder mit Geldstrafe
bestraft.
(2) Ebenso wird bestraft, wer wider besseres Wissen
einem Menschen vortäuscht, daß die Verwirklichung
eines gegen ihn oder eine ihm nahestehende Person
gerichteten Verbrechens bevorstehe.

→   Jemandem mit einem Verbrechen drohen
→   Angehörigen, etc. indirekt mit einem
        Verbrechen drohen
→   z.B. Jacke abziehen
→   auch wenn die Drohung nicht
        ausgesprochen wird

§ 242 StGB Diebstahl

(1) Wer eine fremde bewegliche Sache einem anderen in der Absicht wegnimmt, die Sache sich oder einem Dritten rechtswidrig zuzueignen, wird mit Freiheitsstrafe bis zu fünf Jahren oder mit Geldstrafe bestraft.
(2) Der Versuch ist strafbar.

→   Wegnahme einer fremden beweglichen Sache
→   Zueignungsabsicht (behalten) für sich selbst oder einen Anderen

§ 243 StGB Besonders schwerer Fall des Diebstahls

(1) In besonders schweren Fällen wird der Diebstahl mit Freiheitsstrafe von drei Monaten bis zu zehn Jahren bestraft. Ein besonders schwerer Fall liegt in der Regel vor, wenn der Täter
1. zur Ausführung der Tat in ein Gebäude, einen Dienst- oder Geschäftsraum oder in einen anderen umschlossenen Raum einbricht, einsteigt, mit einem falschen Schlüssel oder einem anderen nicht zur ordnungsmäßigen Öffnung bestimmten Werkzeug eindringt oder sich in dem Raum verborgen hält,
2. eine Sache stiehlt, die durch ein verschlossenes Behältnis oder eine andere Schutzvorrichtung gegen Wegnahme besonders gesichert ist,
3. gewerbsmäßig stiehlt,
4. aus einer Kirche oder einem anderen der Religionsausübung dienenden Gebäude oder Raum eine Sache stiehlt, die dem Gottesdienst gewidmet ist oder der religiösen Verehrung dient,
5. eine Sache von Bedeutung für Wissenschaft, Kunst oder Geschichte oder für die technische Entwicklung stiehlt, die sich in einer allgemein zugänglichen Sammlung befindet oder öffentlich ausgestellt ist,
6. stiehlt, indem er die Hilflosigkeit einer anderen Person, einen Unglücksfall oder eine gemeine Gefahr ausnutzt oder
7. eine Handfeuerwaffe, zu deren Erwerb es nach dem Waffengesetz der Erlaubnis bedarf, ein Maschinengewehr, eine Maschinenpistole, ein voll- oder halbautomatisches Gewehr oder eine Sprengstoff enthaltende Kriegswaffe im Sinne des

Kriegswaffenkontrollgesetzes oder Sprengstoff
stiehlt.
(2) In den Fällen des Absatzes 1 Satz 2 Nr. 1 bis 6 ist
ein besonders schwerer Fall ausgeschlossen, wenn
sich die Tat auf eine geringwertige Sache bezieht.

→ Wegnahme einer fremden beweglichen
  Sache
→ Zueignungsabsicht (behalten) für sich selbst
  oder einen Anderen
→ Dabei:
  → Eindringen in
    → Gebäude
    → Dienstraum
    → Geschäftsraum
    → Anderer
      umschlossener
      Raum
  → mit
    → Werkzeug
    → Falschem Schlüssel
    → Sich einschließen
      lassen
  → Stehlen einer Sache aus
    einem gesicherten Behältnis
    (Geldkassette, Tresor, etc.)
  → Religiöse Gegenstände aus
    einer Kirche

→ Dinge aus einer Sammlung (Museum, etc.)
  → Kunst
  → Wissenschaft
  → Geschichte
  → Technik
→ Ausnutzen einer Person
  → Hilflosigkeit
  → Unglücksfall
  → Gefahr
→ Stehlen von Waffen
  → Waffenbesitz-kartenpflichtige Waffen
  → Kriegswaffen
  → Sprengstoff

§ 244 StGB Diebstahl mit Waffen; Bandendiebstahl; Wohnungseinbruchdiebstahl

(1) Mit Freiheitsstrafe von sechs Monaten bis zu zehn Jahren wird bestraft, wer
1. einen Diebstahl begeht, bei dem er oder ein anderer Beteiligter
a) eine Waffe oder ein anderes gefährliches Werkzeug bei sich führt,
b) sonst ein Werkzeug oder Mittel bei sich führt, um den Widerstand einer anderen Person durch Gewalt oder Drohung mit Gewalt zu verhindern oder zu überwinden,
2. als Mitglied einer Bande, die sich zur fortgesetzten Begehung von Raub oder Diebstahl verbunden hat, unter Mitwirkung eines anderen Bandenmitglieds stiehlt oder
3. einen Diebstahl begeht, bei dem er zur Ausführung der Tat in eine Wohnung einbricht, einsteigt, mit einem falschen Schlüssel oder einem anderen nicht zur ordnungsmäßigen Öffnung bestimmten Werkzeug eindringt oder sich in der Wohnung verborgen hält.
(2) Der Versuch ist strafbar.
(3) In den Fällen des Absatzes 1 Nr. 2 sind die §§ 43a und 73d anzuwenden.

→   Wegnahme einer fremden beweglichen
         Sache
→   Zueignungsabsicht (behalten) für sich selbst
         oder einen Anderen
         →   Mitführen einer Waffe oder eines
                  gefährlichen Werkzeugs (auch
                  wenn man es in der Tasche lässt)
         →   Als Teil des organisierten
                  Verbrechens
         →   Eindringen in eine Wohnung mit:
                  →   Werkzeug
                  →   Falschem Schlüssel
                  →   Sich einschließen
                           lassen

§ 246 StGB Unterschlagung

(1) Wer eine fremde bewegliche Sache sich oder
einem Dritten rechtswidrig zueignet, wird mit
Freiheitsstrafe bis zu drei Jahren oder mit Geldstrafe
bestraft, wenn die Tat nicht in anderen Vorschriften
mit schwererer Strafe bedroht ist.
(2) Ist in den Fällen des Absatzes 1 die Sache dem
Täter anvertraut, so ist die Strafe Freiheitsstrafe bis
zu fünf Jahren oder Geldstrafe.
(3) Der Versuch ist strafbar.

→   Wegnahme einer fremden beweglichen
         Sache
→   Zueignungsabsicht (behalten) für sich selbst
         oder einen Anderen
→   Wegnahme einer anvertrauten Sache

§ 249 StGB Raub

(1) Wer mit Gewalt gegen eine Person oder unter
Anwendung von Drohungen mit gegenwärtiger
Gefahr für Leib oder Leben eine fremde bewegliche
Sache einem anderen in der Absicht wegnimmt, die
Sache sich oder einem Dritten rechtswidrig
zuzueignen, wird mit Freiheitsstrafe nicht unter
einem Jahr bestraft.
(2) In minder schweren Fällen ist die Strafe
Freiheitsstrafe von sechs Monaten bis zu fünf
Jahren.

→ Wegnahme einer fremden beweglichen
  Sache
→ Zueignungsabsicht (behalten) für sich selbst
  oder einen Anderen
→ mit Gewalt
→ mit Gewaltandrohung

§ 250 StGB Schwerer Raub

(1) Auf Freiheitsstrafe nicht unter drei Jahren ist zu
erkennen, wenn
1. der Täter oder ein anderer Beteiligter am Raub
a) eine Waffe oder ein anderes gefährliches
Werkzeug bei sich führt,
b) sonst ein Werkzeug oder Mittel bei sich führt, um
den Widerstand einer anderen Person durch Gewalt
oder Drohung mit Gewalt zu verhindern oder zu
überwinden,
c) eine andere Person durch die Tat in die Gefahr
einer schweren Gesundheitsschädigung bringt oder
2. der Täter den Raub als Mitglied einer Bande, die
sich zur fortgesetzten Begehung von Raub oder
Diebstahl verbunden hat, unter Mitwirkung eines
anderen Bandenmitglieds begeht.
 (2) Auf Freiheitsstrafe nicht unter fünf Jahren ist zu
erkennen, wenn der Täter oder ein anderer
Beteiligter am Raub
1. bei der Tat eine Waffe oder ein anderes
gefährliches Werkzeug verwendet,
2. in den Fällen des Absatzes 1 Nr. 2 eine Waffe bei
sich führt oder
3. eine andere Person
a) bei der Tat körperlich schwer mißhandelt oder
b) durch die Tat in die Gefahr des Todes bringt.
(3) In minder schweren Fällen der Absätze 1 und 2
ist die Strafe Freiheitsstrafe von einem Jahr bis zu
zehn Jahren.

→ Wegnahme einer fremden beweglichen
Sache
→ Zueignungsabsicht (behalten) für sich selbst
oder einen Anderen
→ mit Gewalt
→ mit Gewaltandrohung
→ Mitführen einer Waffe oder eines
gefährlichen Werkzeugs (auch
wenn man es in der Tasche lässt)
→ Gefahr von schweren
Gesundheitsschäden für Opfer
→ Als Teil des organisierten
Verbrechens
→ Benutzen einer Waffe, etc.
→ mit körperlicher
Misshandlung
→ Todesgefahr

§ 251 StGB Raub mit Todesfolge

Verursacht der Täter durch den Raub (§§ 249 und
250) wenigstens leichtfertig den Tod eines anderen
Menschen, so ist die Strafe lebenslange
Freiheitsstrafe oder Freiheitsstrafe nicht unter zehn
Jahren.

→ wenn beim Raub jemand stirbt
→ auch durch Leichtfertigkeit

§ 252 StGB Räuberischer Diebstahl

Wer, bei einem Diebstahl auf frischer Tat betroffen,
gegen eine Person Gewalt verübt oder Drohungen
mit gegenwärtiger Gefahr für Leib oder Leben
anwendet, um sich im Besitz des gestohlenen Gutes
zu erhalten, ist gleich einem Räuber zu bestrafen.

→   Wegnahme einer fremden beweglichen
    Sache
→   Zueignungsabsicht (behalten) für sich selbst
    oder einen Anderen
→   bei der Tat erwischt
→   Gewalt oder Drohungen, um das Diebesgut
    zu behalten

§ 253 StGB Erpressung

(1) Wer einen Menschen rechtswidrig mit Gewalt
oder durch Drohung mit einem empfindlichen Übel
zu einer Handlung, Duldung oder Unterlassung
nötigt und dadurch dem Vermögen des Genötigten
oder eines anderen Nachteil zufügt, um sich oder
einen Dritten zu Unrecht zu bereichern, wird mit
Freiheitsstrafe bis zu fünf Jahren oder mit Geldstrafe
bestraft.
(2) Rechtswidrig ist die Tat, wenn die Anwendung
der Gewalt oder die Androhung des Übels zu dem
angestrebten Zweck als verwerflich anzusehen ist.
(3) Der Versuch ist strafbar.
(4) In besonders schweren Fällen ist die Strafe
Freiheitsstrafe nicht unter einem Jahr. Ein besonders
schwerer Fall liegt in der Regel vor, wenn der Täter
gewerbsmäßig oder als Mitglied einer Bande handelt,
die sich zur fortgesetzten Begehung einer
Erpressung verbunden hat.

→   Rechtswidrige Gewalt oder Drohung um zu
erreichen:
→   Handlung
→   Duldung
→   Unterlassen
→   Dadurch das Vermögen eines Anderen
schädigen

§ 255 StGB Räuberische Erpressung

Wird die Erpressung durch Gewalt gegen eine
Person oder unter Anwendung von Drohungen mit
gegenwärtiger Gefahr für Leib oder Leben begangen,
so ist der Täter gleich einem Räuber zu bestrafen.

→   Rechtswidrige Gewalt oder Drohung um zu
        erreichen:
                →   Handlung
                →   Duldung
                →   Unterlassen
→   Dadurch das Vermögen eines Anderen
        schädigen
→   gegenwärtige Gefahr für Leib oder Leben

§ 257 StGB Begünstigung

(1) Wer einem anderen, der eine rechtswidrige Tat
begangen hat, in der Absicht Hilfe leistet, ihm die
Vorteile der Tat zu sichern, wird mit Freiheitsstrafe
bis zu fünf Jahren oder mit Geldstrafe bestraft.
(2) Die Strafe darf nicht schwerer sein als die für die
Vortat angedrohte Strafe.
(3) Wegen Begünstigung wird nicht bestraft, wer
wegen Beteiligung an der Vortat strafbar ist. Dies gilt
nicht für denjenigen, der einen an der Vortat
Unbeteiligten zur Begünstigung anstiftet.
(4) Die Begünstigung wird nur auf Antrag, mit
Ermächtigung oder auf Strafverlangen verfolgt,
wenn der Begünstiger als Täter oder Teilnehmer der
Vortat nur auf Antrag, mit Ermächtigung oder auf
Strafverlangen verfolgt werden könnte. § 248a gilt
sinngemäß.

→   Einem Straftäter helfen, seine Beute, etc. zu
behalten

§ 258 StGB Strafvereitelung

(1) Wer absichtlich oder wissentlich ganz oder zum
Teil vereitelt, daß ein anderer dem Strafgesetz gemäß
wegen einer rechtswidrigen Tat bestraft oder einer
Maßnahme (§ 11 Abs. 1 Nr. 8) unterworfen wird,
wird mit Freiheitsstrafe bis zu fünf Jahren oder mit
Geldstrafe bestraft.
(2) Ebenso wird bestraft, wer absichtlich oder
wissentlich die Vollstreckung einer gegen einen
anderen verhängten Strafe oder Maßnahme ganz
oder zum Teil vereitelt.
(3) Die Strafe darf nicht schwerer sein als die für die
Vortat angedrohte Strafe.
(4) Der Versuch ist strafbar.
(5) Wegen Strafvereitelung wird nicht bestraft, wer
durch die Tat zugleich ganz oder zum Teil vereiteln
will, daß er selbst bestraft oder einer Maßnahme
unterworfen wird oder daß eine gegen ihn verhängte
Strafe oder Maßnahme vollstreckt wird.
(6) Wer die Tat zugunsten eines Angehörigen begeht,
ist straffrei.

→   Wer jemanden deckt
→   Wer jemandem hilft, seinem Strafantritt zu
        entgehen

§ 259 StGB Hehlerei

(1) Wer eine Sache, die ein anderer gestohlen oder
sonst durch eine gegen fremdes Vermögen gerichtete
rechtswidrige Tat erlangt hat, ankauft oder sonst sich
oder einem Dritten verschafft, sie absetzt oder
absetzen hilft, um sich oder einen Dritten zu
bereichern, wird mit Freiheitsstrafe bis zu fünf
Jahren oder mit Geldstrafe bestraft.
(2) Die §§ 247 und 248a gelten sinngemäß.
(3) Der Versuch ist strafbar.

→   Eine gestohlene Sache kaufen oder beim
         Verkauf helfen

§ 263 StGB Betrug

(1) Wer in der Absicht, sich oder einem Dritten
einen rechtswidrigen Vermögensvorteil zu
verschaffen, das Vermögen eines anderen dadurch
beschädigt, daß er durch Vorspiegelung falscher oder
durch Entstellung oder Unterdrückung wahrer
Tatsachen einen Irrtum erregt oder unterhält, wird
mit Freiheitsstrafe bis zu fünf Jahren oder mit
Geldstrafe bestraft.
(2) Der Versuch ist strafbar.
(3) In besonders schweren Fällen ist die Strafe
Freiheitsstrafe von sechs Monaten bis zu zehn
Jahren. Ein besonders schwerer Fall liegt in der
Regel vor, wenn der Täter
1. gewerbsmäßig oder als Mitglied einer Bande
handelt, die sich zur fortgesetzten Begehung von
Urkundenfälschung oder Betrug verbunden hat,
2. einen Vermögensverlust großen Ausmaßes
herbeiführt oder in der Absicht handelt, durch die
fortgesetzte Begehung von Betrug eine große Zahl
von Menschen in die Gefahr des Verlustes von
Vermögenswerten zu bringen,
3. eine andere Person in wirtschaftliche Not bringt,
4. seine Befugnisse oder seine Stellung als
Amtsträger mißbraucht oder
5. einen Versicherungsfall vortäuscht, nachdem er
oder ein anderer zu diesem Zweck eine Sache von
bedeutendem Wert in Brand gesetzt oder durch eine
Brandlegung ganz oder teilweise zerstört oder ein
Schiff zum Sinken oder Stranden gebracht hat.
 (4) § 243 Abs. 2 sowie die §§ 247 und 248a gelten
entsprechend.

(5) Mit Freiheitsstrafe von einem Jahr bis zu zehn
Jahren, in minder schweren Fällen mit Freiheitsstrafe
von sechs Monaten bis zu fünf Jahren wird bestraft,
wer den Betrug als Mitglied einer Bande, die sich zur
fortgesetzten Begehung von Straftaten nach den §§
263 bis 264 oder 267 bis 269 verbunden hat,
gewerbsmäßig begeht.
(6) Das Gericht kann Führungsaufsicht anordnen (§
68 Abs. 1).
(7) Die §§ 43a und 73d sind anzuwenden, wenn der
Täter als Mitglied einer Bande handelt, die sich zur
fortgesetzten Begehung von Straftaten nach den §§
263 bis 264 oder 267 bis 269 verbunden hat. § 73d
ist auch dann anzuwenden, wenn der Täter
gewerbsmäßig handelt.

→   Vermögen eines anderen schädigen durch:
       →   Vorspiegelung falscher Tatsachen
       →   Verheimlichen der Wahrheit
       →   Unterdrücken der Wahrheit
       →   Absichtlich einen Irrtum verursachen
→   schwerer Fall:
       →   Organisierter Betrug
       →   Hohe Vermögensschäden
       →   Jemanden ruinieren
       →   Machtmissbrauch
       →   Versicherungsbetrug

siehe auch:

§ 263a (Computerbetrug)

§ 264 (Subventionsbetrug)

§ 264a (Kapitalanlagebetrug)

§ 265 (Versicherungsmißbrauch)

§ 265a (Erschleichen von Leistungen)

§ 265b (Kreditbetrug)

§ 266 (Untreue)

§ 266a (Vorenthalten und Veruntreuen von Arbeitsentgelt)

§ 266b (Mißbrauch von Scheck- und Kreditkarten)

§ 267 StGB Urkundenfälschung

(1) Wer zur Täuschung im Rechtsverkehr eine unechte Urkunde herstellt, eine echte Urkunde verfälscht oder eine unechte oder verfälschte Urkunde gebraucht, wird mit Freiheitsstrafe bis zu fünf Jahren oder mit Geldstrafe bestraft.
(2) Der Versuch ist strafbar.
(3) In besonders schweren Fällen ist die Strafe Freiheitsstrafe von sechs Monaten bis zu zehn Jahren. Ein besonders schwerer Fall liegt in der Regel vor, wenn der Täter
1. gewerbsmäßig oder als Mitglied einer Bande handelt, die sich zur fortgesetzten Begehung von Betrug oder Urkundenfälschung verbunden hat,
2. einen Vermögensverlust großen Ausmaßes herbeiführt,
3. durch eine große Zahl von unechten oder verfälschten Urkunden die Sicherheit des Rechtsverkehrs erheblich gefährdet oder
4. seine Befugnisse oder seine Stellung als Amtsträger mißbraucht.
 (4) Mit Freiheitsstrafe von einem Jahr bis zu zehn Jahren, in minder schweren Fällen mit Freiheitsstrafe von sechs Monaten bis zu fünf Jahren wird bestraft, wer die Urkundenfälschung als Mitglied einer Bande, die sich zur fortgesetzten Begehung von Straftaten nach den §§ 263 bis 264 oder 267 bis 269 verbunden hat, gewerbsmäßig begeht.

→ Herstellung einer unechten Urkunde
→ Änderung einer echten Urkunde
→ Benutzen einer unechten Urkunde
→ Benutzen einer gefälschten Urkunde
→ schwerer Fall:
> → Organisierter Betrug
> → Gefährdung des Rechtsverkehrs durch Benutzung vieler falscher Urkunden
> → Machtmissbrauch

siehe auch:
§ 268 (Fälschung technischer Aufzeichnungen)
§ 269 (Fälschung beweiserheblicher Daten)
§ 270 (Täuschung im Rechtsverkehr bei Datenverarbeitung)
§ 271 (Mittelbare Falschbeurkundung)
§ 273 (Verändern von amtlichen Ausweisen)
§ 274 (Urkundenunterdrückung, Veränderung einer Grenzbezeichnung)
§ 275 (Vorbereitung der Fälschung von amtlichen Ausweisen)
§ 276 (Verschaffen von falschen amtlichen Ausweisen)
§ 276a (Aufenthaltsrechtliche Papiere; Fahrzeugpapiere)
§ 277 (Fälschung von Gesundheitszeugnissen)
§ 278 (Ausstellen unrichtiger Gesundheitszeugnisse)
§ 279 (Gebrauch unrichtiger Gesundheitszeugnisse)
§ 281 (Mißbrauch von Ausweispapieren)

§ 303 StGB Sachbeschädigung

(1) Wer rechtswidrig eine fremde Sache beschädigt
oder zerstört, wird mit Freiheitsstrafe bis zu zwei
Jahren oder mit Geldstrafe bestraft.
(2) Ebenso wird bestraft, wer unbefugt das
Erscheinungsbild einer fremden Sache nicht nur
unerheblich und nicht nur vorübergehend verändert.
(3) Der Versuch ist strafbar.

→	Beschädigung einer fremden Sache
→	Zerstörung einer fremden Sache
→	Nichtreparierbare, starke Veränderung einer
	fremden Sache

§ 304 StGB Gemeinschädliche Sachbeschädigung

(1) Wer rechtswidrig Gegenstände der Verehrung
einer im Staat bestehenden Religionsgesellschaft
oder Sachen, die dem Gottesdienst gewidmet sind,
oder Grabmäler, öffentliche Denkmäler,
Naturdenkmäler, Gegenstände der Kunst, der
Wissenschaft oder des Gewerbes, welche in
öffentlichen Sammlungen aufbewahrt werden oder
öffentlich aufgestellt sind, oder Gegenstände, welche
zum öffentlichen Nutzen oder zur Verschönerung
öffentlicher Wege, Plätze oder Anlagen dienen,
beschädigt oder zerstört, wird mit Freiheitsstrafe bis
zu drei Jahren oder mit Geldstrafe bestraft.
(2) Ebenso wird bestraft, wer unbefugt das
Erscheinungsbild einer in Absatz 1 bezeichneten
Sache oder eines dort bezeichneten Gegenstandes
nicht nur unerheblich und nicht nur vorübergehend
verändert.
(3) Der Versuch ist strafbar.

→   Beschädigung einer fremden Sache
→   Zerstörung einer fremden Sache
→   Nichtreparierbare, starke Veränderung einer
        fremden Sache
→   von bestimmten Sachen:
                →   religiöse Ikonen, etc.
                →   Gräber
                →   Denkmäler
                →   Naturdenkmäler
                →   Kunst aus Ausstellungen
                →   Wissenschaftliches aus
                        Ausstellungen

→ Gewerbliches aus
Ausstellungen
→ Gegenstände zum
öffentlichen Nutzen
→ Gegenstände zur
Verschönerung
→ Öffentlicher Wege
→ Öffentlicher
Anlagen
→ Öffentlicher Plätze

§ 306f StGB Herbeiführen einer Brandgefahr

(1) Wer fremde
1. feuergefährdete Betriebe oder Anlagen,
2. Anlagen oder Betriebe der Land- oder
Ernährungswirtschaft, in denen sich deren
Erzeugnisse befinden,
3. Wälder, Heiden oder Moore oder
4. bestellte Felder oder leicht entzündliche
Erzeugnisse der Landwirtschaft, die auf Feldern
lagern,
durch Rauchen, durch offenes Feuer oder Licht,
durch Wegwerfen brennender oder glimmender
Gegenstände oder in sonstiger Weise in Brandgefahr
bringt, wird mit Freiheitsstrafe bis zu drei Jahren
oder mit Geldstrafe bestraft.
(2) Ebenso wird bestraft, wer eine in Absatz 1 Nr. 1
bis 4 bezeichnete Sache in Brandgefahr bringt und
dadurch Leib oder Leben eines anderen Menschen
oder fremde Sachen von bedeutendem Wert
gefährdet.
(3) Wer in den Fällen des Absatzes 1 fahrlässig
handelt oder in den Fällen des Absatzes 2 die Gefahr
fahrlässig verursacht, wird mit Freiheitsstrafe bis zu
einem Jahr oder mit Geldstrafe bestraft.

→ Rauchen
→ offenes Feuer
→ offenes Licht
→ Wegwerfen brennender Gegenstände
→ Wegwerfen glimmender Gegenstände
→ Sonstige brandgefährdende Handlungen

→   In:

> → feuergefährdeten Betrieben
> → feuergefährdeten Anlagen
> → Anlagen der Landwirtschaft
> → Anlagen der Ernährungswirtschaft
> → Wäldern
> → Heiden
> → Mooren
> → bestellten Feldern
> → Feldern, auf denen leicht entzündliche Erzeugnisse der Landwirtschaft lagern

Siehe auch:

§ 306 (Brandstiftung)

§ 306a (Schwere Brandstiftung)

§ 306b (Besonders schwere Brandstiftung)

§ 306c (Brandstiftung mit Todesfolge)

§ 306d (Fahrlässige Brandstiftung)

§ 306e (Tätige Reue)

§ 307 (Herbeiführen einer Explosion durch Kernenergie)

§ 308 (Herbeiführen einer Sprengstoffexplosion)

§ 309 (Mißbrauch ionisierender Strahlen)

§ 310 (Vorbereitung eines Explosions- oder Strahlungsverbrechens)

§ 323c StGB Unterlassene Hilfeleistung

Wer bei Unglücksfällen oder gemeiner Gefahr oder
Not nicht Hilfe leistet, obwohl dies erforderlich und
ihm den Umständen nach zuzumuten, insbesondere
ohne erhebliche eigene Gefahr und ohne Verletzung
anderer wichtiger Pflichten möglich ist, wird mit
Freiheitsstrafe bis zu einem Jahr oder mit Geldstrafe
bestraft.

→   man muss bei Gefahr oder Not helfen
                    →   wenn es erforderlich ist
                    →   wenn es zumutbar ist
                    →   wenn keine erhebliche
                             eigene Gefahr besteht
                    →   wenn keine erhebliche
                             Gefahr der Verletzung für
                             andere wichtige Pflichten
                             besteht

Strafprozessordnung (StPO)

Auch in der Strafprozessordnung stehen Jedermannrechte, die Entschuldigungs- und Rechtfertigungsgründe sind.

§ 127 Absatz 1 StPO Recht zur vorläufige Festnahme

(1) Wird jemand auf frischer Tat betroffen oder verfolgt, so ist, wenn er der Flucht verdächtig ist oder seine Identität nicht sofort festgestellt werden kann, jedermann befugt, ihn auch ohne richterliche Anordnung vorläufig festzunehmen. Die Feststellung der Identität einer Person durch die Staatsanwaltschaft oder die Beamten des Polizeidienstes bestimmt sich nach § 163b Abs.1.

→ Vorläufige Festnahme ist durch jeden möglich, wenn bestimmte Voraussetzungen erfüllt sind:

→ Täter auf frischer Tat betroffen **oder** verfolgt

und

Täter der Flucht verdächtig **oder** Personalien nicht feststellbar

→   Das bedeutet, einer der folgenden vier Fälle muss zutreffen:

> → Täter bei der Tat erwischt und Fluchtgefahr
> → Täter bei der Tat erwischt und persönlich nicht bekannt
> → Täter wird nach der Tat verfolgt und Fluchtgefahr
> → Täter wird nach der Tat verfolgt und persönlich nicht bekannt

→   Dann ist die vorläufige Festnahme nach §127 Absatz 1 StPO zulässig.